AF219661

Bibliografische Information der Deutschen
Nationalbibliothek: Die Deutsche Nationalbibliothek
verzeichnet diese Publikation in der Deutschen
Nationalbibliografie; detaillierte bibliografische Daten
sind im Internet über www.dnb.de abrufbar.

© 2021 Marco Brandt

Herstellung und Verlag:
BoD – Books on Demand, Norderstedt
ISBN: 9 783754 346488

## Übersicht Touren

**Titel der Tour:**        **Datum:**

_____      _____

Start:                          Ziel:

_____     _____

Zwischenstopps:

_____

_____

_____

_____

| km-Stand Strart | km-Stand Ziel | **Länge der Strecke** |
|---|---|---|
| _____ km | _____ km | _____ km |

Teilnehmer:

_____

_____

_____

_____

Wetter am Start: 🌧️ ⛅ ☁️ 🌤️ ☀️     Wetter am Ziel: 🌧️ ⛅ ☁️ 🌤️ ☀️

Strecken-Niveau: ▱ wenig Kurven    ▱ kurvig    ▱ sehr kurvig

Sehenswertes auf der Tour

_____

_____

_____

_____

_____

_____

Beschreibung der Tour

_____

_____

_____

_____

_____

_____

_____

_____

_____

_____

_____

_____

_____

_____

_____

_____

_____

_____

_____

_____

_____

_____

**Titel der Tour:**                                    **Datum:**

_____          _____

Start: _____          Ziel: _____

Zwischenstopps:

_____

_____

_____

_____

| km-Stand Strart | km-Stand Ziel | **Länge der Strecke** |
|---|---|---|
| _____ km | _____ km | _____ km |

Teilnehmer:

_____

_____

_____

_____

Wetter am Start: 🌧️ ⛈️ ☁️ 🌤️ ☀️     Wetter am Ziel: 🌧️ ⛈️ ☁️ 🌤️ ☀️

Strecken-Niveau: ⬜ wenig Kurven     ⬜ kurvig     ⬜ sehr kurvig

Sehenswertes auf der Tour

_____

_____

_____

_____

_____

Beschreibung der Tour

---
---
---
---
---
---
---
---
---
---
---
---
---
---
---
---
---
---
---
---
---

**Titel der Tour:**                                    **Datum:**

_____          _____

Start:                                    Ziel:

_____        _____

Zwischenstopps:

_____

_____

_____

_____

| km-Stand Strart | km-Stand Ziel | **Länge der Strecke** |
|---|---|---|
| _____ km | _____ km | _____ km |

Teilnehmer:

_____

_____

_____

_____

Wetter am Start: 🌧️ 🌦️ ☁️ ⛅ ☀️    Wetter am Ziel: 🌧️ 🌦️ ☁️ ⛅ ☀️

Strecken-Niveau: ▱ wenig Kurven    ▱ kurvig    ◍ sehr kurvig

Sehenswertes auf der Tour

_____

_____

_____

_____

_____

Beschreibung der Tour

**Titel der Tour:**

_____

**Datum:**

_____

Start: _____   Ziel: _____

Zwischenstopps:

_____

_____

_____

_____

| km-Stand Strart | km-Stand Ziel | Länge der Strecke |
|---|---|---|
| _____ km | _____ km | _____ km |

Teilnehmer:

_____

_____

_____

_____

Wetter am Start: [icons]   Wetter am Ziel: [icons]

Strecken-Niveau: [icon] wenig Kurven   [icon] kurvig   [icon] sehr kurvig

Sehenswertes auf der Tour

_____

_____

_____

_____

_____

Beschreibung der Tour

**Titel der Tour:**                                   **Datum:**

_____       _____

Start:                           Ziel:

_____      _____

Zwischenstopps:

_____

_____

_____

_____

| km-Stand Strart | km-Stand Ziel | **Länge der Strecke** |
|---|---|---|
| _____ km | _____ km | _____ km |

Teilnehmer:

_____

_____

_____

_____

Wetter am Start: 🌥️🌦️☁️⛅☀️    Wetter am Ziel: 🌥️🌦️☁️⛅☀️

Strecken-Niveau: ▱ wenig Kurven    ▱ kurvig    ▱ sehr kurvig

Sehenswertes auf der Tour

_____

_____

_____

_____

_____

## Beschreibung der Tour

_____

_____

_____

_____

_____

_____

_____

_____

_____

_____

_____

_____

_____

_____

_____

_____

_____

_____

_____

**Titel der Tour:**                                          **Datum:**

_____          _____

Start:                                        Ziel:

_____          _____

Zwischenstopps:

_____

_____

_____

_____

| km-Stand Strart | km-Stand Ziel | **Länge der Strecke** |
|---|---|---|
| _____ km | _____ km | _____ km |

Teilnehmer:

_____

_____

_____

_____

Wetter am Start:                    Wetter am Ziel:

Strecken-Niveau:        wenig Kurven        kurvig        sehr kurvig

Sehenswertes auf der Tour

_____

_____

_____

_____

_____

Beschreibung der Tour

**Titel der Tour:**                              **Datum:**

_____     _____

Start: _____     Ziel: _____

_____     _____

Zwischenstopps:

_____

_____

_____

_____

| km-Stand Strart | km-Stand Ziel | **Länge der Strecke** |
|---|---|---|
| _____ km | _____ km | _____ km |

Teilnehmer:

_____

_____

_____

_____

Wetter am Start: 🌧️ 🌦️ ☁️ 🌤️ ☀️     Wetter am Ziel: 🌧️ 🌦️ ☁️ 🌤️ ☀️

Strecken-Niveau: ▱ wenig Kurven     ▱ kurvig     ◌ sehr kurvig

Sehenswertes auf der Tour

_____

_____

_____

_____

_____

# Beschreibung der Tour

**Titel der Tour:** **Datum:**

_____     _____

Start:                                          Ziel:

_____     _____

Zwischenstopps:

_____

_____

_____

_____

km-Stand Strart          km-Stand Ziel          **Länge der Strecke**

_____ km          _____ km          _____ km

Teilnehmer:

_____

_____

_____

_____

Wetter am Start: 🌧️🌬️☁️⛅☀️          Wetter am Ziel: 🌧️🌬️☁️⛅☀️

Strecken-Niveau: 📐 wenig Kurven          〰️ kurvig          🗺️ sehr kurvig

Sehenswertes auf der Tour

_____

_____

_____

_____

_____

Beschreibung der Tour

**Titel der Tour:**                                    **Datum:**

_____          _____

Start:                                        Ziel:

_____          _____

Zwischenstopps:

_____

_____

_____

_____

| km-Stand Strart | km-Stand Ziel | Länge der Strecke |
|---|---|---|
| _____ km | _____ km | _____ km |

Teilnehmer:

_____

_____

_____

_____

Wetter am Start: 🌧️ 🌦️ ☁️ ⛅ ☀️   Wetter am Ziel: 🌧️ 🌦️ ☁️ ⛅ ☀️

Strecken-Niveau: ▱ wenig Kurven    ▱ kurvig    ▱ sehr kurvig

Sehenswertes auf der Tour

_____

_____

_____

_____

_____

Beschreibung der Tour

**Titel der Tour:**                                  **Datum:**

_____    _____

Start:                                    Ziel:

_____    _____

Zwischenstopps:

_____

_____

_____

_____

| km-Stand Strart | km-Stand Ziel | **Länge der Strecke** |
|---|---|---|
| _____ km | _____ km | _____ km |

Teilnehmer:

_____

_____

_____

_____

Wetter am Start: ☁️ 🌧️ ⛅ 🌤️ ☀️    Wetter am Ziel: ☁️ 🌧️ ⛅ 🌤️ ☀️

Strecken-Niveau: ⬜ wenig Kurven    ⬜ kurvig    ⬜ sehr kurvig

Sehenswertes auf der Tour

_____

_____

_____

_____

_____

_____

# Beschreibung der Tour

_____
_____
_____
_____
_____
_____
_____
_____
_____
_____
_____
_____
_____
_____
_____
_____
_____
_____
_____
_____
_____
_____
_____

**Titel der Tour:**                              **Datum:**

_____      _____

Start:                              Ziel:

_____      _____

Zwischenstopps:

_____

_____

_____

_____

| km-Stand Strart | km-Stand Ziel | **Länge der Strecke** |
|---|---|---|
| _____ km | _____ km | _____ km |

Teilnehmer:

_____

_____

_____

_____

Wetter am Start: 🌧️ 🌦️ ☁️ 🌤️ ☀️    Wetter am Ziel: 🌧️ 🌦️ ☁️ 🌤️ ☀️

Strecken-Niveau: ▱ wenig Kurven    ▱ kurvig    ▱ sehr kurvig

Sehenswertes auf der Tour

_____

_____

_____

_____

_____

Beschreibung der Tour

**Titel der Tour:**                          **Datum:**

_____          _____

Start:                                    Ziel:

_____          _____

Zwischenstopps:

_____

_____

_____

_____

km-Stand Strart              km-Stand Ziel              **Länge der Strecke**

_____ km             _____ km           _____ km

Teilnehmer:

_____

_____

_____

_____

Wetter am Start: 🌥️🌦️☁️🌤️☀️    Wetter am Ziel: 🌥️🌦️☁️🌤️☀️

Strecken-Niveau: 〰️ wenig Kurven    〰️ kurvig    🌀 sehr kurvig

Sehenswertes auf der Tour

_____

_____

_____

_____

_____

_____

50

Beschreibung der Tour

**Titel der Tour:**

_____

**Datum:**

_____

Start: _____

Ziel: _____

Zwischenstopps:

_____

_____

_____

_____

| km-Stand Strart | km-Stand Ziel | **Länge der Strecke** |
|---|---|---|
| _____ km | _____ km | _____ km |

Teilnehmer:

_____

_____

_____

_____

Wetter am Start: ⛈️ 🌦️ ☁️ ⛅ ☀️     Wetter am Ziel: ⛈️ 🌦️ ☁️ ⛅ ☀️

Strecken-Niveau: 🖊️ wenig Kurven     〰️ kurvig     🌀 sehr kurvig

Sehenswertes auf der Tour

_____

_____

_____

_____

_____

_____

# Beschreibung der Tour

_____

_____

_____

_____

_____

_____

_____

_____

_____

_____

_____

_____

_____

_____

_____

_____

_____

_____

_____

_____

_____

**Titel der Tour:** **Datum:**

_____ _____

Start: Ziel:

_____ _____

Zwischenstopps:

_____

_____

_____

_____

| km-Stand Strart | km-Stand Ziel | **Länge der Strecke** |
|---|---|---|
| _____ km | _____ km | _____ km |

Teilnehmer:

_____

_____

_____

_____

Wetter am Start: ☁ 🌩 ⛅ 🌤 ☀   Wetter am Ziel: ☁ 🌩 ⛅ 🌤 ☀

Strecken-Niveau: ▱ wenig Kurven   ▱ kurvig   ▱ sehr kurvig

Sehenswertes auf der Tour

_____

_____

_____

_____

_____

Beschreibung der Tour

_____

_____

_____

_____

_____

_____

_____

_____

_____

_____

_____

_____

_____

_____

_____

_____

_____

_____

_____

_____

**Titel der Tour:**                                **Datum:**

_____     _____

Start:                            Ziel:

_____    _____

Zwischenstopps:

_____

_____

_____

_____

| km-Stand Strart | km-Stand Ziel | **Länge der Strecke** |
|---|---|---|
| _____ km | _____ km | _____ km |

Teilnehmer:

_____

_____

_____

_____

Wetter am Start: 🌩️ ☁️ ⛅ 🌤️ ☀️    Wetter am Ziel: 🌩️ ☁️ ⛅ 🌤️ ☀️

Strecken-Niveau: [///] wenig Kurven    [∿] kurvig    [∿∿] sehr kurvig

Sehenswertes auf der Tour

_____

_____

_____

_____

_____

# Beschreibung der Tour

**Titel der Tour:**             **Datum:**

_____     _____

Start:                        Ziel:

_____     _____

Zwischenstopps:

_____

_____

_____

_____

| km-Stand Strart | km-Stand Ziel | **Länge der Strecke** |
|---|---|---|
| _____ km | _____ km | _____ km |

Teilnehmer:

_____

_____

_____

_____

Wetter am Start: ☁ ⛆ ⛅ 🌤 ☀     Wetter am Ziel: ☁ ⛆ ⛅ 🌤 ☀

Strecken-Niveau: ▱ wenig Kurven     ▱ kurvig     ▱ sehr kurvig

Sehenswertes auf der Tour

_____

_____

_____

_____

_____

# Beschreibung der Tour

**Titel der Tour:**                         **Datum:**

_____     _____

Start:                        Ziel:

_____     _____

Zwischenstopps:

_____

_____

_____

_____

| km-Stand Strart | km-Stand Ziel | **Länge der Strecke** |
|---|---|---|
| _____ km | _____ km | _____ km |

Teilnehmer:

_____

_____

_____

_____

Wetter am Start: ☁ ☁ ⛅ 🌤 ☀    Wetter am Ziel: ☁ ☁ ⛅ 🌤 ☀

Strecken-Niveau: ▱ wenig Kurven    ▱ kurvig    🌀 sehr kurvig

Sehenswertes auf der Tour

_____

_____

_____

_____

_____

_____

Beschreibung der Tour

**Titel der Tour:**

_____

**Datum:**

_____

Start: _____ Ziel: _____

Zwischenstopps:

_____

_____

_____

_____

| km-Stand Strart | km-Stand Ziel | **Länge der Strecke** |
|---|---|---|
| _____ km | _____ km | _____ km |

Teilnehmer:

_____

_____

_____

_____

Wetter am Start: ☁️ 🌬️ ☁️ 🌤️ ☀️    Wetter am Ziel: ☁️ 🌬️ ☁️ 🌤️ ☀️

Strecken-Niveau: 🛣️ wenig Kurven    〰️ kurvig    〰️ sehr kurvig

Sehenswertes auf der Tour

_____

_____

_____

_____

_____

Beschreibung der Tour

**Titel der Tour:**           **Datum:**

_____    _____

Start:                    Ziel:

_____    _____

Zwischenstopps:

_____

_____

_____

_____

| km-Stand Strart | km-Stand Ziel | Länge der Strecke |
|---|---|---|
| _____ km | _____ km | _____ km |

Teilnehmer:

_____

_____

_____

_____

Wetter am Start:    Wetter am Ziel:

Strecken-Niveau: wenig Kurven    kurvig    sehr kurvig

Sehenswertes auf der Tour

_____

_____

_____

_____

_____

_____

Beschreibung der Tour

**Titel der Tour:**                                    **Datum:**

_____          _____

Start: _____          Ziel: _____

Zwischenstopps:

_____

_____

_____

_____

| km-Stand Strart | km-Stand Ziel | **Länge der Strecke** |
| --- | --- | --- |
| _____ km | _____ km | _____ km |

Teilnehmer:

_____

_____

_____

_____

Wetter am Start: 🌧️ 🌩️ ☁️ ⛅ ☀️   Wetter am Ziel: 🌧️ 🌩️ ☁️ ⛅ ☀️

Strecken-Niveau: ▱ wenig Kurven   ▱ kurvig   ▱ sehr kurvig

Sehenswertes auf der Tour

_____

_____

_____

_____

_____

_____

Beschreibung der Tour

**Titel der Tour:**                                      **Datum:**

_____        _____

Start:                                          Ziel:

_____        _____

Zwischenstopps:

_____

_____

_____

_____

| km-Stand Strart | km-Stand Ziel | **Länge der Strecke** |
|---|---|---|
| _____ km | _____ km | _____ km |

Teilnehmer:

_____

_____

_____

_____

Wetter am Start: [icons]        Wetter am Ziel: [icons]

Strecken-Niveau: [icon] wenig Kurven        [icon] kurvig        [icon] sehr kurvig

Sehenswertes auf der Tour

_____

_____

_____

_____

_____

Beschreibung der Tour

**Titel der Tour:** _____  **Datum:** _____

Start: _____  Ziel: _____

Zwischenstopps:

_____

_____

_____

_____

| km-Stand Strart | km-Stand Ziel | **Länge der Strecke** |
|---|---|---|
| _____ km | _____ km | _____ km |

Teilnehmer:

_____

_____

_____

_____

Wetter am Start: 🌧️ ⛅ ☁️ 🌤️ ☀️   Wetter am Ziel: 🌧️ ⛅ ☁️ 🌤️ ☀️

Strecken-Niveau: [ ] wenig Kurven   [ ] kurvig   [ ] sehr kurvig

Sehenswertes auf der Tour

_____

_____

_____

_____

_____

_____

Beschreibung der Tour

**Titel der Tour:**                                    **Datum:**

_____        _____

Start:                                    Ziel:

_____        _____

Zwischenstopps:

_____

_____

_____

_____

| km-Stand Strart | km-Stand Ziel | **Länge der Strecke** |
|---|---|---|
| _____ km | _____ km | _____ km |

Teilnehmer:

_____

_____

_____

_____

Wetter am Start: ☁ ☁ ☁ ⛅ ☀    Wetter am Ziel: ☁ ☁ ☁ ⛅ ☀

Strecken-Niveau: ▱ wenig Kurven    ▱ kurvig    ⌇ sehr kurvig

Sehenswertes auf der Tour

_____

_____

_____

_____

_____

_____

Beschreibung der Tour

**Titel der Tour:**                                          **Datum:**

_____          _____

Start:                                    Ziel:

_____          _____

Zwischenstopps:

_____

_____

_____

_____

| km-Stand Strart | km-Stand Ziel | **Länge der Strecke** |
|---|---|---|
| _____ km | _____ km | _____ km |

Teilnehmer:

_____

_____

_____

_____

Wetter am Start: 🌧️🌦️☁️🌤️☀️     Wetter am Ziel: 🌧️🌦️☁️🌤️☀️

Strecken-Niveau:  wenig Kurven      kurvig      sehr kurvig

Sehenswertes auf der Tour

_____

_____

_____

_____

_____

Beschreibung der Tour

**Titel der Tour:** **Datum:**

_____ _____

Start: Ziel:

_____ _____

Zwischenstopps:

_____

_____

_____

_____

| km-Stand Strart | km-Stand Ziel | **Länge der Strecke** |
|---|---|---|
| _____ km | _____ km | _____ km |

Teilnehmer:

_____

_____

_____

_____

Wetter am Start: 🌧️ 🌦️ ☁️ ⛅ ☀️   Wetter am Ziel: 🌧️ 🌦️ ☁️ ⛅ ☀️

Strecken-Niveau: ▱ wenig Kurven   ▱ kurvig   🌀 sehr kurvig

Sehenswertes auf der Tour

_____

_____

_____

_____

_____

Beschreibung der Tour

**Titel der Tour:**                                    **Datum:**

_____          _____

Start:                                        Ziel:

_____          _____

Zwischenstopps:

_____

_____

_____

_____

| km-Stand Strart | km-Stand Ziel | **Länge der Strecke** |
|---|---|---|
| _____ km | _____ km | _____ km |

Teilnehmer:

_____

_____

_____

_____

Wetter am Start: ☁🌧 ☁ ☁ 🌤 ☀          Wetter am Ziel: ☁🌧 ☁ ☁ 🌤 ☀

Strecken-Niveau: ⬜ wenig Kurven          ⬜ kurvig          ⬜ sehr kurvig

Sehenswertes auf der Tour

_____

_____

_____

_____

_____

Beschreibung der Tour

**Titel der Tour:**

_____

**Datum:**

_____

Start:

_____

Ziel:

_____

Zwischenstopps:

_____

_____

_____

_____

| km-Stand Strart | km-Stand Ziel | **Länge der Strecke** |
|---|---|---|
| _____ km | _____ km | _____ km |

Teilnehmer:

_____

_____

_____

_____

Wetter am Start: ☁️ ☁️ ☁️ ☀️ ☀️     Wetter am Ziel: ☁️ ☁️ ☁️ ☀️ ☀️

Strecken-Niveau: ▱ wenig Kurven     ▱ kurvig     ◉ sehr kurvig

Sehenswertes auf der Tour

_____

_____

_____

_____

_____

Beschreibung der Tour

**Titel der Tour:**           **Datum:**

_____     _____

Start:                        Ziel:

_____     _____

Zwischenstopps:

_____

_____

_____

_____

| km-Stand Strart | km-Stand Ziel | **Länge der Strecke** |
|---|---|---|
| _____ km | _____ km | _____ km |

Teilnehmer:

_____

_____

_____

_____

Wetter am Start: 🌧️ 🌦️ ☁️ ⛅ ☀️    Wetter am Ziel: 🌧️ 🌦️ ☁️ ⛅ ☀️

Strecken-Niveau: ▱ wenig Kurven    〰️ kurvig    🌀 sehr kurvig

Sehenswertes auf der Tour

_____

_____

_____

_____

_____

Beschreibung der Tour

**Titel der Tour:**                                    **Datum:**

_____          _____

Start:                                      Ziel:

_____          _____

Zwischenstopps:

_____

_____

_____

_____

| km-Stand Strart | km-Stand Ziel | **Länge der Strecke** |
|---|---|---|
| _____ km | _____ km | _____ km |

Teilnehmer:

_____

_____

_____

_____

Wetter am Start:  🌧️ ☁️ 🌤️ ☀️        Wetter am Ziel:  🌧️ ☁️ 🌤️ ☀️

Strecken-Niveau:  ⬜ wenig Kurven      ⬜ kurvig      ⬜ sehr kurvig

Sehenswertes auf der Tour

_____

_____

_____

_____

_____

_____

Beschreibung der Tour

**Titel der Tour:**                                      **Datum:**

_____          _____

Start: _____          Ziel: _____

Zwischenstopps:

_____

_____

_____

_____

| km-Stand Strart | km-Stand Ziel | **Länge der Strecke** |
| --- | --- | --- |
| _____ km | _____ km | _____ km |

Teilnehmer:

_____

_____

_____

_____

Wetter am Start: 🌧️ 🌦️ ☁️ ⛅ ☀️     Wetter am Ziel: 🌧️ 🌦️ ☁️ ⛅ ☀️

Strecken-Niveau: [//] wenig Kurven    [〰] kurvig    [〰] sehr kurvig

Sehenswertes auf der Tour

_____

_____

_____

_____

_____

_____

Beschreibung der Tour

**Titel der Tour:**

_____

**Datum:**

_____

Start:

_____

Ziel:

_____

Zwischenstopps:

_____

_____

_____

_____

| km-Stand Strart | km-Stand Ziel | **Länge der Strecke** |
|---|---|---|
| _____ km | _____ km | _____ km |

Teilnehmer:

_____

_____

_____

_____

Wetter am Start: [icons]   Wetter am Ziel: [icons]

Strecken-Niveau: [icon] wenig Kurven   [icon] kurvig   [icon] sehr kurvig

Sehenswertes auf der Tour

_____

_____

_____

_____

_____

_____

## Beschreibung der Tour

**Titel der Tour:**                      **Datum:**

_____     _____

Start:                            Ziel:

_____     _____

Zwischenstopps:

_____

_____

_____

_____

_____

| km-Stand Strart | km-Stand Ziel | **Länge der Strecke** |
|---|---|---|
| _____ km | _____ km | _____ km |

Teilnehmer:

_____

_____

_____

_____

Wetter am Start: ☁ ☁ ☁ ☀ ☀    Wetter am Ziel: ☁ ☁ ☁ ☀ ☀

Strecken-Niveau: ▨ wenig Kurven    ▨ kurvig    ▨ sehr kurvig

Sehenswertes auf der Tour

_____

_____

_____

_____

_____

_____

Beschreibung der Tour

**Titel der Tour:**          **Datum:**

_____    _____

Start:                    Ziel:

_____    _____

Zwischenstopps:

_____

_____

_____

_____

| km-Stand Strart | km-Stand Ziel | **Länge der Strecke** |
|---|---|---|
| _____ km | _____ km | _____ km |

Teilnehmer:

_____

_____

_____

_____

Wetter am Start: ☁ ☁ ☁ ☀ ☀    Wetter am Ziel: ☁ ☁ ☁ ☀ ☀

Strecken-Niveau: ▨ wenig Kurven    ▨ kurvig    ▨ sehr kurvig

Sehenswertes auf der Tour

_____

_____

_____

_____

_____

Beschreibung der Tour

**Titel der Tour:**          **Datum:**

_____     _____

Start:          Ziel:

_____     _____

Zwischenstopps:

_____

_____

_____

_____

| km-Stand Strart | km-Stand Ziel | **Länge der Strecke** |
|---|---|---|
| _____ km | _____ km | _____ km |

Teilnehmer:

_____

_____

_____

_____

Wetter am Start: ☁ ☁ ☁ ⛅ ☀     Wetter am Ziel: ☁ ☁ ☁ ⛅ ☀

Strecken-Niveau: ▨ wenig Kurven    ▨ kurvig    ▨ sehr kurvig

Sehenswertes auf der Tour

_____

_____

_____

_____

_____

_____

Beschreibung der Tour

**Titel der Tour:** _____ **Datum:** _____

Start: _____ Ziel: _____

Zwischenstopps:
_____
_____
_____
_____
_____

| km-Stand Strart | km-Stand Ziel | **Länge der Strecke** |
|---|---|---|
| _____ km | _____ km | _____ km |

Teilnehmer:
_____
_____
_____
_____

Wetter am Start: 🌥️🌧️☁️⛅☀️     Wetter am Ziel: 🌥️🌧️☁️⛅☀️

Strecken-Niveau: ▨ wenig Kurven     ▨ kurvig     ▨ sehr kurvig

Sehenswertes auf der Tour
_____
_____
_____
_____
_____
_____

Beschreibung der Tour

**Titel der Tour:**                                      **Datum:**

_____        _____

Start:                                          Ziel:

_____        _____

Zwischenstopps:

_____

_____

_____

_____

| km-Stand Strart | km-Stand Ziel | Länge der Strecke |
|---|---|---|
| _____ km | _____ km | _____ km |

Teilnehmer:

_____

_____

_____

_____

Wetter am Start: 🌥️🌦️☁️⛅☀️   Wetter am Ziel: 🌥️🌦️☁️⛅☀️

Strecken-Niveau: 🛣️ wenig Kurven     〰️ kurvig     🌀 sehr kurvig

Sehenswertes auf der Tour

_____

_____

_____

_____

_____

_____

Beschreibung der Tour

**Titel der Tour:**                         **Datum:**

_____        _____

Start:                        Ziel:

_____     _____

Zwischenstopps:

_____

_____

_____

_____

| km-Stand Strart | km-Stand Ziel | **Länge der Strecke** |
|---|---|---|
| _____ km | _____ km | _____ km |

Teilnehmer:

_____

_____

_____

_____

Wetter am Start: 🌧️ ⛈️ ☁️ ⛅ ☀️    Wetter am Ziel: 🌧️ ⛈️ ☁️ ⛅ ☀️

Strecken-Niveau: ▱ wenig Kurven    ▱ kurvig    ▱ sehr kurvig

Sehenswertes auf der Tour

_____

_____

_____

_____

_____

Beschreibung der Tour

**Titel der Tour:**                                          **Datum:**

_____          _____

Start: _____          Ziel: _____

Zwischenstopps:

_____

_____

_____

_____

| km-Stand Strart | km-Stand Ziel | **Länge der Strecke** |
|---|---|---|
| _____ km | _____ km | _____ km |

Teilnehmer:

_____

_____

_____

_____

Wetter am Start: 🌧️ 🌬️ ☁️ 🌤️ ☀️     Wetter am Ziel: 🌧️ 🌬️ ☁️ 🌤️ ☀️

Strecken-Niveau: ⬜ wenig Kurven     ⬜ kurvig     ⬜ sehr kurvig

Sehenswertes auf der Tour

_____

_____

_____

_____

_____

Beschreibung der Tour

**Titel der Tour:**                 **Datum:**

_____     _____

Start:                    Ziel:

_____     _____

Zwischenstopps:

_____

_____

_____

_____

| km-Stand Strart | km-Stand Ziel | **Länge der Strecke** |
|---|---|---|
| _____ km | _____ km | _____ km |

Teilnehmer:

_____

_____

_____

_____

Wetter am Start: ☁ ⛅ ☁ 🌤 ☀    Wetter am Ziel: ☁ ⛅ ☁ 🌤 ☀

Strecken-Niveau: ◫ wenig Kurven    ◫ kurvig    ◫ sehr kurvig

Sehenswertes auf der Tour

_____

_____

_____

_____

_____

_____

Beschreibung der Tour

**Titel der Tour:**

_____

**Datum:**

_____

Start: _____    Ziel: _____

Zwischenstopps:

_____

_____

_____

_____

| km-Stand Strart | km-Stand Ziel | **Länge der Strecke** |
|---|---|---|
| _____ km | _____ km | _____ km |

Teilnehmer:

_____

_____

_____

_____

Wetter am Start: 🌧️ ⛅ ☁️ 🌤️ ☀️    Wetter am Ziel: 🌧️ ⛅ ☁️ 🌤️ ☀️

Strecken-Niveau: ⬜ wenig Kurven    ⬜ kurvig    ⬜ sehr kurvig

Sehenswertes auf der Tour

_____

_____

_____

_____

_____

_____

Beschreibung der Tour

**Titel der Tour:**          **Datum:**

_____    _____

Start:                        Ziel:

_____    _____

Zwischenstopps:

_____

_____

_____

_____

_____

| km-Stand Strart | km-Stand Ziel | **Länge der Strecke** |
|---|---|---|
| _____ km | _____ km | _____ km |

Teilnehmer:

_____

_____

_____

_____

_____

Wetter am Start: 🌧️ 🌩️ ☁️ 🌤️ ☀️    Wetter am Ziel: 🌧️ 🌩️ ☁️ 🌤️ ☀️

Strecken-Niveau: ▱ wenig Kurven    ▱ kurvig    ▱ sehr kurvig

Sehenswertes auf der Tour

_____

_____

_____

_____

_____

_____

Beschreibung der Tour

**Titel der Tour:**                 **Datum:**

_____    _____

Start:                     Ziel:

_____    _____

Zwischenstopps:

_____

_____

_____

_____

| km-Stand Strart | km-Stand Ziel | **Länge der Strecke** |
|---|---|---|
| _____ km | _____ km | _____ km |

Teilnehmer:

_____

_____

_____

_____

Wetter am Start: ☁ ☁ ☁ ⛅ ☀    Wetter am Ziel: ☁ ☁ ☁ ⛅ ☀

Strecken-Niveau: ▨ wenig Kurven    ▨ kurvig    ▨ sehr kurvig

Sehenswertes auf der Tour

_____

_____

_____

_____

_____

Beschreibung der Tour

**Titel der Tour:**                                **Datum:**

_____     _____

Start:                                 Ziel:

_____    _____

Zwischenstopps:

_____

_____

_____

_____

_____

| km-Stand Strart | km-Stand Ziel | **Länge der Strecke** |
|---|---|---|
| _____ km | _____ km | _____ km |

Teilnehmer:

_____

_____

_____

_____

Wetter am Start: 🌧️ ⛅ ☁️ 🌤️ ☀️     Wetter am Ziel: 🌧️ ⛅ ☁️ 🌤️ ☀️

Strecken-Niveau: ▱ wenig Kurven     ▱ kurvig     ▱ sehr kurvig

Sehenswertes auf der Tour

_____

_____

_____

_____

_____

_____

Beschreibung der Tour

**Titel der Tour:** **Datum:**

_____ _____

Start: Ziel:

_____ _____

Zwischenstopps:

_____

_____

_____

_____

| km-Stand Strart | km-Stand Ziel | **Länge der Strecke** |
|---|---|---|
| _____ km | _____ km | _____ km |

Teilnehmer:

_____

_____

_____

_____

Wetter am Start:    Wetter am Ziel:

Strecken-Niveau: wenig Kurven    kurvig    sehr kurvig

Sehenswertes auf der Tour

_____

_____

_____

_____

_____

_____

Beschreibung der Tour

**Titel der Tour:**                          **Datum:**

_____  _____

Start:                              Ziel:

_____  _____

Zwischenstopps:

_____

_____

_____

_____

| km-Stand Strart | km-Stand Ziel | **Länge der Strecke** |
|---|---|---|
| _____ km | _____ km | _____ km |

Teilnehmer:

_____

_____

_____

_____

Wetter am Start: 🌧️ 🌬️ ☁️ ⛅ ☀️    Wetter am Ziel: 🌧️ 🌬️ ☁️ ⛅ ☀️

Strecken-Niveau: ⬚ wenig Kurven    ⬚ kurvig    ⬚ sehr kurvig

Sehenswertes auf der Tour

_____

_____

_____

_____

_____

Beschreibung der Tour

**Titel der Tour:**                          **Datum:**

_____       _____

Start:                               Ziel:

_____     _____

Zwischenstopps:

_____

_____

_____

_____

| km-Stand Strart | km-Stand Ziel | Länge der Strecke |
|---|---|---|
| _____ km | _____ km | _____ km |

Teilnehmer:

_____

_____

_____

_____

Wetter am Start: ⛅🌫️☁️🌤️☀️     Wetter am Ziel: ⛅🌫️☁️🌤️☀️

Strecken-Niveau: ▱ wenig Kurven     ▱ kurvig     ▱ sehr kurvig

Sehenswertes auf der Tour

_____

_____

_____

_____

_____

_____

Beschreibung der Tour

189

**Titel der Tour:**                                     **Datum:**

_____     _____

Start:                                 Ziel:

_____     _____

Zwischenstopps:

_____

_____

_____

_____

| km-Stand Strart | km-Stand Ziel | **Länge der Strecke** |
|---|---|---|
| _____ km | _____ km | _____ km |

Teilnehmer:

_____

_____

_____

_____

Wetter am Start: 🌧️ ⛅ ☁️ 🌤️ ☀️     Wetter am Ziel: 🌧️ ⛅ ☁️ 🌤️ ☀️

Strecken-Niveau: ▱ wenig Kurven     ▱ kurvig     ▱ sehr kurvig

Sehenswertes auf der Tour

_____

_____

_____

_____

_____

_____

Beschreibung der Tour

**Titel der Tour:**                       **Datum:**

_____      _____

Start:                            Ziel:

_____      _____

Zwischenstopps:

_____

_____

_____

_____

| km-Stand Strart | km-Stand Ziel | **Länge der Strecke** |
|---|---|---|
| _____ km | _____ km | _____ km |

Teilnehmer:

_____

_____

_____

_____

Wetter am Start: ☁ ☁ ☁ ⛅ ☀      Wetter am Ziel: ☁ ☁ ☁ ⛅ ☀

Strecken-Niveau: ▱ wenig Kurven    ▱ kurvig    ◒ sehr kurvig

Sehenswertes auf der Tour

_____

_____

_____

_____

_____

_____

## Beschreibung der Tour

197

**Titel der Tour:**                                    **Datum:**

_____          _____

Start:                                    Ziel:

_____          _____

Zwischenstopps:

_____

_____

_____

_____

| km-Stand Strart | km-Stand Ziel | **Länge der Strecke** |
|---|---|---|
| _____ km | _____ km | _____ km |

Teilnehmer:

_____

_____

_____

_____

Wetter am Start: 🌧️ 🌦️ ☁️ ⛅ ☀️     Wetter am Ziel: 🌧️ 🌦️ ☁️ ⛅ ☀️

Strecken-Niveau: ▨ wenig Kurven     ▨ kurvig     ▨ sehr kurvig

Sehenswertes auf der Tour

_____

_____

_____

_____

_____

_____

Beschreibung der Tour

**Titel der Tour:** **Datum:**

_____ _____

Start: Ziel:

_____ _____

Zwischenstopps:

_____

_____

_____

_____

| km-Stand Strart | km-Stand Ziel | **Länge der Strecke** |
|---|---|---|
| _____ km | _____ km | _____ km |

Teilnehmer:

_____

_____

_____

_____

Wetter am Start: 🌧️ ☁️ ⛅ 🌤️ ☀️   Wetter am Ziel: 🌧️ ☁️ ⛅ 🌤️ ☀️

Strecken-Niveau: ▱ wenig Kurven   ▱ kurvig   〰️ sehr kurvig

Sehenswertes auf der Tour

_____

_____

_____

_____

_____

_____

Beschreibung der Tour